L6 1938.

BATONS ROMPUS.

LA SAINT-BARTHÉLEMY

N'A ÉTÉ

QU'UN COUP-D'ÉTAT NÉCESSAIRE.

C'est un axiome de politique et une maxime d'état,
qu'en matière de gouvernement, ce qui est utile ou sim-
plement nécessaire, est toujours juste, et doit être pra-
tiqué, nonobstant les considérations qui se puisent dans
la morale des individus et des obligations ordinaires de
la société. Il ne faut pas que, pour la vaine conservation
d'un principe stérile, des colonies riches et puissantes
périssent! Ce vœu, exprimé dans une des assemblées dé-
libérantes de la France, était à la fois d'un scélérat et
d'un insensé. Conçoit-on des principes d'une rigueur telle
qu'ils ne puissent fléchir devant la nécessité épouvantable
du carnage et de la dévastation? Des principes, en un
mot, supérieurs à la félicité ou au repos des hommes,
puisque, dans de certains cas, la misère et la mort
peuvent en être la conséquence? Non, des principes
aussi monstrueux, aussi absurdes, ne se conçoivent point,
ou, au moins, ne se peuvent admettre. Or, les coups
d'état ne sont communément qu'une protestation violente contre la folie de ces principes; car le pouvoir ne
les frappe jamais, ces coups retentissans, pour la satisfac-

tion déraisonnable de faire montre et parade de son autorité et de sa force ; il les frappe, n'en doutez pas, pour sortir de la situation contrainte où des circonstances et des faits quelconques l'ont jeté. En effet, si l'on veut bien apprécier avec impartialité les causes qui ont déterminé la longue série des coups d'état que mentionnent les annales des gouvernemens de toute origine, on est invinciblement amené à reconnaître que toujours une nécessité inexorable les enfanta. Il n'y a pas un gouvernement, quelle qu'ait été sa forme qui, lorsqu'il s'est vu forcé d'y recourir, ne l'ait fait pour sa défense propre, et souvent pour sa conservation même. Les faits n'ont pas l'élasticité des principes : c'est pourquoi il est insensé d'exiger que ces derniers, en tout état de cause, ne plient jamais devant les premiers. Tel fait peut survenir qui mette en péril les destinées d'une société toute entière : si le pouvoir, qui a pour mission de protéger cette société, de la défendre, trouvait sa ruine à se réfugier dans la rigidité des principes, certes! cette société aurait fort à se féliciter d'un pareil scrupule de probité de la part du pouvoir! L'état et la société dont il se forme, doivent, avant tout, exister. Ce qu'on appelle justice, probité et morale, ne doit pas primer une existence aussi précieuse, mais, rigoureusement, lui être subordonné et s'y accommoder. Que ce soit bien ou mal, il n'importe guère ; ce qui importe essentiellement, c'est que la société vive et ne soit point dissoute.

Il faut donc reconnaître et proclamer ce principe que la nécessité est la mère de tous les coups d'état.

C'est à cette nécessité que la Saint-Barthélemi doit la

naissance. Cette journée dont le souvenir se présente accompagné de tant d'exécration, ne fut cependant rien autre chose qu'un coup d'état, et, comme tous, un coup d'état devenu, par la force des circonstances, nécessaire, irrémissible. Qu'on se récrie si l'on veut, je vais, pièces sur table, le démontrer.

D'abord je commence par déclarer très humblement, au risque de choquer fort les idées qui ont cours parmi les adeptes de la philosophie moderne, que si j'étais chef d'un empire quelconque, dans l'intérêt de la prospérité et du repos de cet empire, je me montrerais très intolérant en matière de religion, et que je ferais renfermer, comme un fou passablement dangereux, le légiste qui aurait l'impertinence de me proposer d'introduire l'athéisme dans ma loi. Ce serait en pure perte qu'on viendrait me citer l'exemple de l'Angleterre et des États-Unis, où tous les dogmes et tous les rites ont un égal droit de bourgeoisie et de cité : cet exemple me toucherait peu. Je serais, encore un coup, intolérant, convaincu qu'en matière aussi importante, l'indifférence est d'une politique plus mauvaise et plus dangereuse que l'intolérance. Est-ce qu'il y a deux soleils? Voit-on poindre à la fois dans le ciel le crépuscule et l'aurore? Le jour et la nuit, l'ombre et la lumière, ne s'excluent-ils pas? Ainsi donc, sous le même toit, ne peuvent cohabiter la vérité et l'erreur. Mais qu'est-ce que la vérité? qu'est-ce que l'erreur? La vérité, messieurs, c'est la croyance, la convention, si vous aimez mieux ce mot, du plus grand nombre. L'erreur demeure le lot de la minorité. Telle est la loi de la politique.

L'unité religieuse est donc la base la plus solide des

Etats. Il ne suit pas rigoureusement de là, que pour l'obtenir, il faille allumer des bûchers, ou commander des dragonnades. On peut, sans persécutions matérielles, arriver à cette unité. Il suffit, pour cela, de n'accorder aux dissidens que la garantie du droit des gens dans ses rapports civils à l'exclusion de ceux qui sont religieux. Plus clairement, de n'autoriser de temples et de lithurgie publique que pour les dogmes et le culte de la majorité, en ne procédant à l'égard des récalcitrans, que par l'éviction pure et simple.

Si le champion couronné du catholicisme et de la suprématie de l'Eglise n'eût pas été en même temps le plus ambitieux des hommes, ce schisme de la réforme n'eût pas désolé l'Europe et rompu l'unité de la grande famille chrétienne. Mais Charles-Quint, semblable à tous ceux que brûle la soif d'une puissance immodérée, subordonna, dans cette circonstance importante, les intérêts de la foi et les devoirs de sa conscience, aux exigences de son ambition. Sa politique pénétrante entrevit, dans Luther et dans sa doctrine, un moyen de ruiner le droit de l'électorat, et d'assurer l'empire à ses héritiers, estimant que ce schisme ne pouvait manquer de semer la division parmi les électeurs, et qu'à la faveur de cette division, il lui serait facile de rendre héréditaire, dans la maison d'Autriche, la couronne jusque-là élective de l'empire. Autrement, personne ne peut nier que si Charles l'eût voulu, la réforme périssait, étouffée à sa naissance, au lieu de s'étendre comme elle le fit de l'Allemagne sur une grande partie de l'Europe. Lui, qui avait déjà frappé tant de coups d'état, pouvait bien, sans scrupule, y ajouter celui de faire saisir Luther à la conférence d'Augsbourg, et de le faire mettre à mort comme fauteur d'hérésie, et même révolutionnaire. Charles avait d'ailleurs, pour s'autoriser, un excellent précédent, l'exemple des Pères du Concile de Trente qui avaient ainsi procédé à l'égard de Jean Hus et de Jérôme de Prague. Et ce précédent n'eût-il pas même existé, la raison d'état eût été une excuse suffisante du supplice de Luther; car si les novateurs politiques, qu'on désigne par la dénomination commune de conspirateurs, ont toujours trouvé dans toutes les législations, et subi partout, la peine la plus excessive comme châtiment ou répression de leurs criminelles entreprises, à plus forte raison ceux qui entreprennent d'innover en matière de religion méritent-ils d'être punis. Il n'est personne qui ne tombe d'accord que la stabilité de la forme religieuse importe plus au repos des empires que la stabilité de la forme politique. Partout l'histoire en fait foi.

Quoi donc! un moine turbulent, un perturbateur enfroqué, sur un vain prétexte de simonie de la part de la cour de Rome, s'ingère, au seizième siècle, de réformer ou, plutôt, d'altérer le dogme inviolable de la foi! Nul signe céleste ne révèle en lui cette haute mission qui donne l'autorité et commande l'obéissance; sur son front ne s'élève point l'auréole brillante, stygmate indélébile qui, aux premiers âges du christianisme, dénonçait les apôtres au monde! Et toutefois, dans son fol orgueil, ce moine ose tenter de corriger, non les mœurs, mais la doctrine même de l'Eglise! Il pratique ce que jusqu'à lui il n'avait été donné qu'aux papes et aux conciles de pratiquer. Il le fait, au scandale de la chrétienté, sous les yeux et avec l'approbation tacite d'un monarque catholique, père du très-dévot Philippe II! Egaremens funestes de l'ambition! de combien de désordres n'avez-vous pas été la source? Le devoir de Charles V lui commandait d'étouffer le schisme, dût-il le noyer dans le sang de Luther : l'affreuse responsabibité de tous les crimes et de tous les maux que la réforme a fait naître lui revient donc de légitime droit, et sa mémoire en doit rester chargée !

L'immutabilité est l'essence même de la vérité. L'inconstance est le caractère propre à l'erreur, condamnée à se modifier éternellement. C'est d'elle qu'on peut dire : *Et solum constans in mobilitate sua est.*

Le schisme, en conséquence, ne pouvait pas s'arrêter à Luther. Qui peut même aujourd'hui assigner la borne où il lui est prescrit de s'arrêter? L'orbite dans lequel se meut l'esprit d'innovation est immense; de même que le mahométisme s'est divisé en deux branches, représentées par la secte d'Omar et celle d'Ali, le luthéranisme enfanta le calvinisme, modifié à son tour, et combattu dans quelques points de sa doctrine, par Melanchton.

L'hydre hideuse de la réforme n'ayant pu être abattue en France sous les efforts de Henri II, le royaume ne tarda guère à être rempli des plus affreux désordres. Enfin, sous le règne du jeune roi Charles IX, le plus malheureux règne qui se soit vu depuis l'établissement de la monarchie, ces désordres atteignirent un degré de gravité tel, qu'il était impossible de les tolérer davantage, et que tout moyen, quel qu'il pût être, qui eût amené leur répression, devait être employé sans hésitation comme sans scrupule. C'est bien vainement qu'on a torturé et défiguré les faits, afin de faire mentir l'histoire, et de pouvoir mettre sur le compte du fanatisme seul ce véritable bouc, émissaire des philosophes, ce qui appartient incontestablement à la politique. On aura beau affecter de représenter l'élève d'Amyot sous les traits mensongers d'un Néron et d'un Busiris, bien que plusieurs témoignages contemporains, élevés et consciencieux, nous entretiennent de ses qualités privées et des vifs regrets que fit éclater sa perte, tout ce concert de dénigrement et d'insultes, dénotera plus de partialité et de passion, que de justice et de véritable connaissance de l'époque, tout cela prouvera qu'on a été bien aise et heureux de pouvoir imputer, comme un grief énorme, au catholicisme, l'exécution sanglante, ordonnée en son nom.

Mais, outre la politique qui commandait impérieusement d'en finir avec la secte dangereuse des calvinistes, des motifs particuliers (et il faut bien l'avouer), des motifs très légitimes de vengeance y poussaient aussi. Des quatre personnes qui délibérèrent entre elles ce vigoureux coup d'état; savoir, Charles IX, la reine-mère, le duc d'Anjou et Henri de Guise; le premier avait sur le cœur le souvenir de sa fuite de Meaux à Paris, poursuivi, l'épée dans les reins, par l'amiral; Catherine de Médicis, la mort de Chavigni son favori; le duc de Guise, le meurtre de son père assassiné par Poltrot; le seul duc d'Anjou n'avait pas d'injure personnelle à laver.

Si, à toutes ces considérations déjà passablement déterminantes, on veut bien ajouter que Coligny avait, quelques années auparavant, subi un procès et une condamnation publics; que ses complices avaient, maintes fois, été déclarés criminels de lèse-majesté; que, le soir même du jour où il fut blessé en sortant du Louvre, une grande effervescence s'était manifestée parmi ceux des réformés qui étaient à Paris; que des menaces, excessivement imprudentes, étaient échappées aux princes de Navarre et de Condé, on demeurera convaincu que, pour la cour, le moment était venu d'agir, et qu'il n'y avait, dès lors, plus à reculer.

A qui, bon Dieu! persuadera-t-on qu'un jeune roi, âgé de vingt-trois ans au plus, d'une constitution frêle et asthénique, n'ait été qu'une espèce de fou furieux? Croit-on qu'il soit bien facile d'avoir le sang calme à cet âge, lorsqu'on porte un sceptre, qu'on a une couronne sur la tête, et qu'on a vu les plus fraîches années d'une vie qui s'échappe, à peine commencée, s'écouler tristement au sein des horreurs que traînent après elles les dissensions et les guerres civiles? Cela ne supporte pas un instant de réflexion. Charles a donc été étrangement défiguré, et c'est un acte d'équité et de conscience tout ensemble, que d'en avertir une opinion trop long-temps égarée ou pervertie. La France a, parmi les nations, une étoile trop singulièrement heureuse, pour rencontrer un seul tyran dans le sang de ses rois.

Pour se former une idée exacte des maux que la réforme avait faits à notre beau pays, il est essentiel de rénumérer ici que, depuis l'introduction de cette peste en France, un million d'hommes, à peu près, avaient péri dans des guerres très sanglantes; que 300 villes avaient été prises; qu'on en avait brûlé ou saccagé 9, ainsi que 400 villages, 20,000 églises, 2,000 monastères et

10,000 maisons; que l'entretien de la gendarmerie seule avait obéré l'épargne royale de plus de 150 millions. Et c'est sérieusement, et en présence de tels faits, qu'on vient nous entretenir du fanatisme des catholiques et de la férocité du plus malheureux des rois que la France ait eus! C'est une pitié !

Ce qui prouve, au surplus, que le coup d'état de la Saint-Barthélemi était nécessaire, et surtout bien calculé, c'est que, depuis cette journée, les affaires des huguenots se rétablirent difficilement, les hommes de commandement et d'exécution du parti y ayant presque tous péri. Effectivement, on a vu qu'après cette expédition, ils ne purent jamais, seuls, reformer d'armées. Ce coup rompit tous les fils des menées et des cabales qu'ils entretenaient tant au-dedans qu'au-dehors du royaume, et préserva, il n'en faut pas douter, la France d'une submersion générale. Ne faut-il pas être possédé, au plus haut degré, de la manie du sentiment et de la déclamation, pour venir, devant des considérations d'un ordre aussi élevé, nous représenter la Saint-Barthélemi comme un guet-apens, et comme le plus noir des guets-apens qui se soient jamais commis à la face du soleil? Et c'est au bout de deux siècles et demi, lorsqu'il a été loisible à chacun de prendre connaissance exacte de toutes les pièces de ce grand procès, qu'un jugement aussi erroné a encore cours dans la circulation des idées, sur la foi et l'autorité insidieuses de je ne sais quelle secte soi-disant philosophique ! Il y a de quoi être honteux, sur ma parole!

Le plus bizarre, dans cette affaire, c'est que cette belle coterie de philosophes, qui fait état du pyrrhonisme le plus parfait, ait absolument voulu qu'un miracle ait signalé aux générations futures toute l'horreur que le crime prétendu de Charles IX avait inspiré au ciel même. On voit que je veux parler de la sueur de sang qu'on a imaginé avoir terminé sa vie, bien qu'il soit notoirement avéré qu'il est mort de la phthisie pulmonaire, et qu'aucune circonstance merveilleuse n'ait précédé, ni accompagné, ni suivi sa fin.

D'après tout ce qui précède, je pense qu'il est suffisamment démontré que la politique, et non le fanatisme religieux, a été la cause du massacre des protestans. Je terminerai par trois citations qui trouvent ici naturellement leur place. J'emprunte la première à Charron. Elle sert à justifier Charles IX.

« Il faut savoir que la justice vertu et probité du sou-
« verain chemine un peu autrement que celle des parti-
« culiers. Elle a ses allures plus larges et plus libres à
« cause de la grande, pesante et dangereuse charge qu'il
« porte; c'est pourquoi il lui convient marcher d'un pas
« qui peut sembler aux autres détraqué et déréglé. »

La seconde est de Bayle : c'est la condamnation sévère des réformés.

« Que ces théologiens remuans qui prennent tant de
« plaisir à innover, jettent continuellement la vue sur nos
« guerres sacrées. Les réformateurs en furent la cause. On
« doit les excuser, s'ils étaient bien convaincus de l'indis-
« pensable nécessité de cette réforme, et s'il n'y avait point
« de milieu entre laisser damner tous les hommes, ou les
« convertir au protestantisme. Dans ce principe, nulle

« considération ne devait les arrêter ; mais que des gens
« qui sont persuadés qu'une erreur ne damne pas, ne re-
« pectent pas la possession, et qu'ils aiment mieux trou-
« bler le repos public que supprimer leurs idées particu-
« lières, c'est ce qu'on ne peut assez détester. Qu'ils con-
« sidèrent donc les suites de leurs innovations; et s'ils
« peuvent s'y embarquer sans une absolue nécessité, *il*
« *faut qu'ils aient une âme de tigre et plus de bronze*
« *autour du cœur* que celui qui, le premier, hasarda sa
« vie sur un frêle vaisseau : *Illi robur et oes triplex circa*
« *pectus erat*, etc. etc. »

La dernière, qui appartient à *Claudian*, est la théorie
et la justification de tous les coups d'état :

« *Ulcera possessis altè suffusa medullis ,*
« *Non leviore manu, ferro curantur et igne;*
« *Ad vivum penetrant flammæ quo funditus humor*
« *Defluat , et vacuis corrupto sanguine venis*
« *Arescat fons ille mali.* » (1)

---

(1) On guérit par le fer et le feu, et non par quelque remède doux,
les ulcères qui se sont attachés au plus profond des moelles. Les flam-
mes pénétrant jusqu'au vif font entièrement évacuer l'humeur pec-
cante et tarir ensuite la cause du mal, ayant tiré tout ce qu'il y avait
de sang impur dans les veines.

AUX ERGOTEURS DU LIBÉRALISME.

Mars 1830.

Je conçois que la discussion vous pèse et vous fatigue. Vous vous êtes placés sur un mauvais terrain, et vous vous irritez de le sentir trembler sous vos pieds. Les conséquences de la position que vous avez prise vous pressent de toutes parts; et comme vous voyez que vous ne pouvez logiquement leur échapper, qu'il n'y a pas un de vos argumens qui ne soit, à l'avance, frappé de rétorsion, il vous tarde d'en finir avec la discussion et la logique. Que ne l'avouez-vous franchement? Croyez-vous qu'il ne nous pèse pas également d'avoir à réfuter tous les jours les mêmes sophismes de votre part? De bonne foi, est-ce la lumière que vous cherchez? La lumière! votre unique crainte est de la voir jaillir du choc de la discussion. Commence-t-elle à poindre? Si vous ne pouvez l'étouffer, vous vous hâtez de fermer les yeux. Vous n'êtes que des ergoteurs, voilà tout.

Or, comme votre retraite du champ de l'argumentation n'en laisse pas moins pour cela la question entière entre nous, et qu'il importe au repos du pays, à la marche des affaires, que cette question soit vidée; si le droit, c'est-à-dire la raison, est contre vous, que peut-il vous rester, sinon le fait? Ici un ordre de choses extrêmement grave commence.

Ce fait, votre dernier asile, votre unique refuge, c'est le nombre, l'emploi de la force que le nombre donne;

et cette force n'est pas ailleurs que dans l'INSURRECTION. Il est important d'établir ce point, afin que les masses sachent clairement où les meneurs du parti, en déclarant qu'ils renoncent à la discussion, veulent les conduire. La France est donc avertie que, n'ayant pas raison par la raison elle-même, *il faut avoir raison par un autre moyen* QUEL QU'IL SOIT.

Vous donnez à entendre, nous le savons, que vous voulez vous renfermer dans une résistance toute passive. D'abord passive ou active, la résistance est toujours la résistance, et un adjectif n'a pas la propriété de changer son caractère. Ces deux formes d'opposition sont limitrophes, contiguës, et tellement, qu'une fois le pied dans l'une, il est impossible de ne le pas mettre dans l'autre. Aussi ne vous abusez pas, ou plutôt ne cherchez pas à abuser. Votre prétendue résistance légale mène droit à l'illégalité.

Nous voici donc hors des voies régulières, et vous remarquerez, qu'en en sortant, vous nous en faites dévier nous-mêmes; que c'est vous, en un mot, qui nous réduisez à cette nécessité.

Il n'y a que la force qui se puisse opposer à la force. Se renfermer dans les limites impuissantes de la légalité, lorsque l'illégalité presse et attaque, cela ne se peut. Le pouvoir a, pour se défendre contre le nombre, un moyen toujours efficace lorsqu'il est employé à temps. Ce moyen, c'est l'usage de l'article 14 de la charte, non commenté ou interprété, mais pris à la lettre simple. La sûreté de l'état, lorsque l'état est troublé, réside dans la dictature, et, conséquemment, dans la suspension de la constitution. Ici, distinguons : d'abord suspendre n'est pas abroger. Comme il n'est pas dans la nature que le désordre dure toujours, ni même qu'il dure long-temps, la suspension de la constitution tourne au profit même de la constitution; et plus les mesures prises pour mettre un terme à la perturbation sont extra-constitutionnelles, plus, aussi, elles sont décisives, et c'est tant mieux. Le pouvoir qui, placé dans une situation aussi violente, n'userait, pour en sortir, que de moyens lénitifs, prolongerait, par ce fait seul, la crise ET EN MÊME TEMPS L'EMPLOI DE LA DICTATURE; et la dictature qui n'est pas brève est toujours fatale à la liberté.

Il fait beau voir, vraiment, votre susceptibilité s'effaroucher comme elle le fait à cette invocation de l'article 14! Vous avez bonne grâce, en effet, à jouer l'effroi, vous qu'un cas pareil trouverait si neufs! Suspendre une constitution sonne mal à nos oreilles! Il vaut mieux, certes, la détruire, n'est-il pas vrai? Dites-nous si vous ou les vôtres vous suspendiez au 31 mai, au 18 fructidor et au 18 brumaire? Quoi! c'est dans un pays qui, dans moins de 40 ans, s'est laissé dépouiller de je ne sais combien de constitutions toutes solennellement jurées, qu'on pousse ces cris à rompre la tête, parce qu'un pouvoir *régulier*, en même temps qu'il est le pouvoir SUPRÊME et LÉGITIME, parle de faire usage d'un *droit* qui est écrit dans la constitution même!!!.... C'est une véritable dérision!

Vous vous attribuez libéralement, vous, le droit monstrueux du rejet du budget (je dis que vous vous attribuez, car nulle part il n'est mentionné dans la charte), et vous déniez au premier des trois pouvoirs l'exercice de sa plus précieuse faculté, puisqu'elle est la sauve-garde de la société toute entière! Pensez-vous vous moquer?

Mais, direz-vous, qui rend l'execice de cet article 14 nécessaire? qui, en un mot, force à sortir de l'ordre normal? Qui? Personne autre que vous-mêmes, par votre exorbitante prétention de faire violence à l'initiative, par le refus de concourir avec les ministres de son choix, puisqu'en lui envoyant, par exemple, les mêmes députés, vous la forcez à dissoudre encore, et d'en appeler à de nouvelles élections, et la persistance étant égale de la part du pays, la question devient insoluble et sans fin. Qui ne voit que les choses ne pouvant aller ainsi, il faut, de toute nécessité, que l'article 14 tranche le nœud gordien.

Si la prérogative n'avait, pour sortir d'un pas aussi dangereux, que la ressource de dissoudre et d'en appeler à des élections nouvelles (ressource dont vous ne lui recommandez hypocritement l'emploi que parce que vous savez parfaitement qu'elle peut conclure contre elle), voyez où les choses pourraient être conduites! Un corps électoral, égaré par les impostures de la presse, et dont l'irritation croîtrait à chaque nouvelle dissolution, finirait par peupler la chambre entière des ennemis de la dynastie. Les choses amenées là, et l'initiative reculant toujours devant l'emploi de l'article 14; que dis-je, reculant? ne pouvant plus s'en servir; un second 21 janvier, ou, à tout le moins, un autre 20 mars s'effectuerait.

Disons, pour en finir, que si le corps électoral, et par suite, le pouvoir législatif, s'obstinent à tenir la question renfermée dans le cercle vicieux où elle est, le seul moyen de l'en faire sortir, est l'emploi de l'article 14.

Et, heureusement, c'est un moyen constitutionnel.

THÉORÈMES POLITIQUES.

Mai 1830.

Ce système admirable par les rouages duquel l'univers se meut dans l'espace, soumis aux lois de révolutions constantes et uniformes, doit, la chose est incontestable, à ces lois elles-mêmes, d'exister et d'offrir dans son majestueux ensemble l'image parfaite de cet équilibre de toutes les parties qui constitue l'harmonie. Ces lois ou ces rouages, par leur action incessante, leur engrenement continu, produisent les deux grandes forces motrices d'attraction et de répulsion, qui font que tout gravite vers un commun centre, source inépuisable de mouvement, à qui nous devons la dispensation régulière et toujours égale, des jours et des nuits, ainsi que des saisons. Notre intelligence conçoit sans effort, lorsqu'elle s'attache à la contemplation de cette sublime mécanique, qu'elle se meuve et qu'elle fonctionne, un ordre aussi parfait ayant présidé à sa construction.

Mais cette machine, qui marche toute seule, ne s'est pas faite toute seule également. La main d'un ouvrier divin en a peuplé le vide. Or, s'il pouvait arriver que, contrairement aux prévisions immuables, infaillibles de Dieu, une perturbation étrangère à sa volonté éternelle vînt troubler l'ordre et l'accord de la machine, qui oserait penser que, pour rétablir l'une et l'autre, son intervention fût superflue, et que cette machine, maintenant dérangée, se remettrait en équilibre d'elle-même? Ce serait une folie que d'admettre une pareille idée; car si cette machine avait la faculté de reprendre ses fonctions un instant interrompues, elle aurait encore celle de résister à tout choc susceptible de les interrompre, et nulle suspension ne serait possible. Cette conséquence est rigoureusement logique. En outre, est-il quelqu'un, encore, qui pensât que pour rendre aux rouages leur mouvement naturel, la somme entière de vélocité qu'ils comportent, il n'y eût pas, d'abord, obligation de réduire à l'état d'immobilité absolue toute l'économie mécanique? Entre l'ordre et le désordre, et pour revenir plus sûrement au premier, il y a donc un terme transitoire indispensable? Cela ne souffre pas la plus légère contradiction.

Si, sous le sceau du secret, et sous la foi d'un serment préalable, que la conscience ignorante de la gravité du dépôt qu'on va lui commettre rarement refuse, il m'était confié d'horribles projets, devrais-je, pour l'absurde respect de la foi jurée, du secret promis, garder le silence et laisser de pareils projets s'accomplir? Non, mille fois non! Je me hâterais de purifier ma conscience de la souillure qu'elle aurait reçue en révélant, sans la moindre hésitation, ce que je viendrais d'apprendre; et je considérerais comme une action véritablement honorable de parjurer un aussi monstrueux serment. Nuire à qui veut nuire, est une obligation, à la fois, de morale et d'équité, qu'on n'élude guère que par le sophisme, et à laquelle nul ne doit sciemment, dans aucun cas, tenter de se soustraire. La moralité d'un secret n'est appréciable que par sa connaissance même, d'où il suit que s'engager à le garder avant cette appréciation , est une condition absurde et inexécutable. L'immoralité n'est point de s'affranchir de cette condition, mais de l'exiger. Il y a donc des cas et des circonstances où des sermens peuvent, il y a plus, doivent se délier.

Si, dans un état qui aurait adopté ou reçu, pour se régir, une forme de constitution où l'action du gouvernement fût soumise au concours de plusieurs pouvoirs, il arrivait qu'un de ces pouvoirs, abusant de la faiblesse ou de l'inertie des autres, sortît de ses limites naturelles, et par une série d'empiétemens ou tyranniques ou lentement progressifs, mît l'existence de ses contre-poids en péril, n'y aurait-il pas, par ce fait même, violation de la loi suprême à laquelle tous les pouvoirs sont soumis, puisqu'ils dérivent d'elle? Cette violation première, cause d'un désordre subsistant, n'appellerait-elle pas forcément une violation nouvelle de la part des pouvoirs attaqués et compromis, ou, au moins, de la part du plus apte d'entre eux, pour rétablir l'ordre? C'est une question si simple qu'elle se résout d'elle-même. Mais ce qui n'est pas aussi généralement compris, c'est que les moyens réguliers ne suffisent pas pour faire rentrer dans la régularité ce qui en est sorti une fois, et qu'on ne peut absolument passer du désordre à l'ordre, que par le désordre même ; conséquences funestes, dont toute la responsabilité et tout le blâme retournent de droit à la cause initiale du conflit.

Ces graves perturbations s'appellent, dans l'ordre politique, des coups d'état, soit d'ailleurs qu'ils émanent du pouvoir qui régit l'état lui-même, ou de ceux qui lui prêtent leur concours ; car, en effet, l'état, c'est la collection de tous les pouvoirs ; non qu'il faille déduire de là , comme on a déjà essayé de l'insinuer , que tous ces pouvoirs ont droit au partage du gouvernement. Gouverner est le privilége spécial du premier, entre les trois pouvoirs, à qui l'initiative est dévolue, et qui l'exerce par le moyen des délégués de son choix. Régner doit autrement s'entendre : c'est le privilége inaliénable de la dynastie qui occupe le trône , et cette seule occupation exprime l'action de régner; rien de plus clair ; car s'il plaisait au Roi, en qui réside l'initiative , de la transférer à un des deux pouvoirs concurrens, ou même à un seul , assurément il ne gouvernerait plus, et on ne peut pas dire qu'il ne régnerait pas.

Ainsi, sous une forme constitutionnelle comme la nôtre , par exemple, les deux branches de la législature , la Chambre des Pairs et celle des Députés , gravitant hors de leur orbite, peuvent , aussi bien que le premier pouvoir, donner le monstrueux spectacle d'un coup d'état frappé par elles, ensemble ou séparément. J'ai déjà dit qu'un coup d'état étant une violation de la constitution , ce fait seul suspend immédiatement l'action régulière de celle-ci ; il importe peu de savoir, du reste, de qui la violation émane : c'est un hors-d'œuvre indifférent pour la question. Des coups d'état peuvent donc être indistinctement frappés par les trois pouvoirs. Voilà un point désormais établi.

J'ai à définir maintenant ce que j'entends par les coups d'état des Chambres , ceux de l'initiative étant depuis long-temps définis et suffisamment appréciables ; ce qui fait que je les passe sous silence.

Le premier, et incontestablement le plus grave des coups d'état que peuvent frapper les Chambres, est le refus du budget, ce droit monstrueux n'existant nulle part dans les attributions que la Charte leur confère. On a beaucoup écrit, surtout dans ces derniers temps, sur cette question capitale, et nul ne l'a prise dans ses véritables termes, qui sont clairs comme le jour et formels de tout point. Des précédens parlementaires lui ont été appliqués; mais comme ces précédens sont vicieux, loin d'aider à la solution de cette question, ils l'ont plutôt embrouillée. Littéralement, il est dit dans la Charte que les Chambres, celle des Députés nominativement, *reçoivent toutes les propositions d'impôt; qu'aucun impôt ne peut être établi et perçu s'il n'a été consenti par elle.* Evidemment, pour quiconque ne veut pas sophistiquer, cela signifie qu'aux Chambres appartient le droit d'EXAMINER l'opportunité, la convenance ou la moralité de tels ou tels impôts, d'en DÉTERMINER l'assiette, d'en FIXER l'importance, c'est-à-dire le volume, et non de les envelopper tous dans une proscription aveugle qui aurait pour résultat immédiat de dissoudre l'ordre social tout entier. La Charte n'a pas prétendu sans doute qu'une question de subsides vînt se résoudre dans une question de personnes, et que par ce vote des impôts, une majorite législative, entraînée par des chefs ambitieux, se fît une arme pour renverser des ministres, et les remplacer. C'est par un *système d'interprétation dont il faut absolument faire justice dans l'intérêt du repos du pays*, qu'on a établi ce précédent de calcul personnel, qu'un ministère doit être pris dans la majorité. Un ministère pris dans la majorité c'est, en d'autres termes, et dans la réalité, un ministère choisi et nommé par la majorité; c'est un attentat formel, bien que latent, contre la prérogative du Roi qui, seul, de son libre arbitre, doit élire, et suivant sa convenance propre, les dépositaires de son autorité. On va comprendre combien cette prétention du pouvoir législatif est monstrueuse, et comme elle arriverait à consommer directement l'usurpation de l'initiative sur le pouvoir royal que la constitution en a investi : ces ministres, pris dans la majorité, en partageront identiquement les vues, les besoins, et doivent nécessairement n'arriver au pouvoir que pour en réaliser les plans, en effectuer les projets. Que si, arrivés dans cette sphère du gouvernement, ils viennent à reconnaître que ce serait une anomalie dangereuse pour l'état lui-même, d'être encore, dans la haute administration des affaires, les représentans de la majorité, au lieu d'être les délégués du pouvoir royal, et qu'ils ne se laissent pas aveuglément régir par cette majorité de qui ils tiennent leur élévation, celle-ci, usant de la faculté qu'on lui a laissé usurper, brisera ces ministres, et les remplacera par d'autres, tirés encore de son sein; et elle procédera ainsi, sans relâche, jusqu'à ce que les hommes qu'elle aura imposés à la prérogative, se résignent enfin à être ses instrumens dociles à elle. Du moment que les ministres en sont là, et il faut de toute nécessité qu'ils y viennent (leur existence n'étant qu'à ce prix), l'équilibre constitutionnel est rompu; car l'initiative est déplacée. Voilà, et il n'y a pas d'objection possible à ce dilemme, où conduit la prétention exorbitante des ministères formés dans les majorités. L'exemple de ce qui se pratique à cet égard chez nos voisins, loin de détruire l'objection, la corrobore encore. Le gouvernement représentatif ne sera sainement compris, que lorsqu'il sera évident pour tout le monde, que le premier des trois pouvoirs qui a l'initiative, résidant dans la personne du monarque, et cette personne auguste ne pouvant elle-même descendre dans l'arène législative, ceux qu'elle se substitue, et à qui elle remet son mandat, comme le pays remet le sien à ses députés, ces hommes-là, dis-je, ne sont pas, ne peuvent pas être ceux des Chambres, mais bien, et *uniquement*, ceux du Roi. Or, il n'appartient qu'au Roi de les choisir, et les deux autres pouvoirs n'ont rien à voir dans ce choix. Le jour où, en Angleterre comme en France, cette incontestable vérité aura pénétré dans tous les esprits, le gouvernement représentatif sera indestructiblement fondé, et une grande ère de prospérité commencera pour les peuples.

Parce qu'alors ces misérables débats de personnes, dans lesquels se consume un temps si précieux, auront à tout jamais cessé, qu'on sera franchement entré dans la voie des affaires, et que l'administration n'ayant plus à livrer des combats de tous les jours pour la conservation de sa propre existence, pourra avoir de la fixité dans les idées, des plans, une marche sûre. Elle représentera la pensée royale; car sa durée exprimera la confiance que cette dernière aura en elle.

Voici venir, je le pressens, l'objection bannale qui, depuis quinze ans, est la source déplorable de toutes les oscillations de l'administration en France. Un ministère peut ne pas être constitutionnel, être anti-national : anti-national, s'il est la libre expression de la volonté du Roi ! Mais c'est un blasphême affreux ! c'est dire que la royauté n'a point l'affection du pays. Prenez-y garde, les ministres représentent le Roi, car ils sont ses délégués. Inconstutionnels? Comment cela peut-il se faire, puisque votre concours leur est indispensable, et qu'ils ne peuvent rien sans vous, et à quoi vous n'ayez consenti? Je ne comprendrais le reproche d'inconstitutionalité que pour le cas périlleux pour eux où ils oseraient agir contrairement à la constitution et aux lois en vigueur. Le remède alors serait à côté du mal, puisque vous avez des garanties suffisantes dans les articles 55 et 56 de la Charte. Mais les ministres pourraient, à leur gré, peupler l'administration de leurs créatures? Sans doute, et ils feraient bien d'agir ainsi; car, outre qu'ils en ont le droit, l'administration y gagnerait d'être plus forte, par la raison qu'elle serait homogène; et on ne voit pas qu'une administration forte nuise jamais à un Etat. Au surplus, un ministère de majorité ne procéderait-il pas de même? Laissez donc cette objection; elle est oiseuse.

Revenons aux coups d'état des Chambres dont cette digression nous a écartés. Nous avons signalé le plus grave, qui est le refus des subsides. Le refus de concourir avec les ministres en est un aussi, moins important sans doute par ses résultats, mais répréhensible et condamnable au même degré. Nous ne ferons pas remarquer, en outre, que c'est une insulte à la majesté royale; car, ce refus de concourir avec les ministres qu'elle a jugé utile de choisir, c'est bien évidemment le refus de concourir avec elle-même; c'est mettre en doute ses lumières et sa sagesse, c'est exprimer une défiance injurieuse à l'égard de ses intentions. On aura beau séparer les ministres du Roi, il faudra, bon gré, mal gré, en revenir à ce qui seul est vrai, c'est que hors les deux cas de *forfaiture* et de *concussion*, les ministres représentent toujours le Roi, ou, pour parler le langage constitutionnel, le pouvoir qui propose, promulgue et administre; que c'est ce pouvoir seul qu'ils engageraient, *s'il pouvait s'engager là où les transactions sont le résultat du concours amiable de tous les intéressés, et où la conversion en lois de ces transactions, fait qu'aucun d'eux n'a isolément à répondre de ce qui a été débattu et résolu en commun.* Les ministres ne sont pas un pouvoir, ils sont les délégués d'un pouvoir dont ils expriment la pensée et l'action; refuser de concourir avec eux, c'est refuser d'admettre ce pouvoir lui-même au concours, ou, en d'autres termes, lui imposer des conditions pour ce concours; ce qui est une véritable tyrannie, un empiétement monstrueux contre lequel se soulèvent ensemble la raison et l'équité. Tant que les ministres ne sont ni TRAITRES ni CONCUSSIONNAIRES, il y a obligation de voir en eux le ROI; car, n'ayant alòrs ni trahi, ni dilapidé l'Etat, ils ont incontestablement agi dans les limites de leur mandat, et derrière ce mandat que trouve-t-on, sinon le mandataire?

Cette manière de définir l'institution ministérielle, je le sais, est loin de satisfaire la généralité des esprits. Mais la réflexion, le temps, l'expérience des faits qui ne manqueront pas de surgir, la réduira en axiome. Quand il sera bien compris que, dans le gouvernement représentatif, les majorités n'ont à appliquer leur adhésion ou leur négation qu'aux actes, c'est-à-dire aux lois, que la *personne* des ministres n'est pas de leur examen, que ces majorités peuvent refuser leur sanction à un impôt *spécial*, mais non à la collection de tous les impôts qui constitue le budget, que l'administration du pays appartient exclusivement au Roi, qu'elles n'ont rien à y voir si ce n'est les pétitions qui en signalent les abus; quand tout cela sera compris, courra les rues, on sera fondé, de ce moment, à dire que le gouvernement représentatif existe : jusque-là ce ne sera qu'une lutte d'ambitieux, et les affaires seront en souffrances.

DES MACHINES.

Septembre 1830.

La France offre aujourd'hui, dans quelques-unes de ses parties, le spectacle affligeant présenté par l'Angleterre dans ces derniers temps. Une guerre à mort y semble être déclarée aux machines; et chacune de nos cités industrielles voit son repos troublé, sa prospérité compromise par des coalitions d'ouvriers qui, par la similitude parfaite des principes en vertu desquels ils se soulèvent, ont une analogie frappante avec la secte redoutable des Luddistes dans la Grande-Bretagne.

Plus de machines ! tel est le cri que poussent de toutes parts les belligérans. Ont-ils tort, ont-ils raison? Sont-ce des griefs fondés ou imaginaires dont ils poursuivent le redressement? Telle est la grave question à résoudre. J'ai lu avec la plus scrupuleuse attention les argumens qui ont été produits par les propriétaires et les partisans des machines contre leurs antagonistes; et, quelque regret qu'il m'en coûte, je dois à ma conviction de déclarer que je les ai trouvés d'une faiblesse extrême. Serait-ce que, par hasard, il n'en existe pas de meilleurs, et que la cause des machines est une mauvaise cause? Je le soupçonne volontiers.

Il y a plus; j'en suis convaincu.

Quand, par quelque découverte, par des procédés amé

liorés, l'homme, en matière de travail, est substitué à l'homme lui-même ; il n'en résulte aucun inconvénient, puisqu'en résumé ce n'est qu'un déplacement de salaire. Mais lorsqu'à l'opposé, par la perfection de l'art mécanique, ce sont les machines qu'on substitue aux bras, c'est alors une suppression de salaire qui a lieu, et il devient de la dernière évidence, dans ce cas, que l'emploi des machines est un fléau redoutable, puisqu'il laisse nécessairement des populations entières sans travail et, partant, sans moyens d'existence.

Ainsi, par exemple, l'invention de l'imprimerie (sans parler d'une foule d'industries qui sont dans la même catégorie), en admettant qu'à l'époque de sa découverte par Laurent Coster, elle n'eût employé qu'un nombre égal de mains à celui des copistes, n'aurait véritablement fait aucun tort à l'espèce humaine, attendu que, dans la supposition d'une exacte parité, c'est-à-dire d'un compositeur et d'un pressier, pour deux copistes, ce n'eût été qu'un déplacement de salaire. Tandis que si l'on considère que ce procédé a donné cent, mille imprimeurs, peut-être, pour un copiste, l'avantage immense qui en est résulté pour l'homme dans la balance de son salaire, classe l'imprimerie, sous ce rapport seul, parmi les découvertes les plus profitables à l'humanité ; et les copistes seraient les gens les plus absurdes du monde de réclamer contre elle. C'est donc un bien pauvre argument que de présenter ceux-ci aussi fondés à se plaindre de l'usage des caractères, que les imprimeurs le sont dans leur opposition à l'emploi des machines. Ici l'évidence saute aux yeux. En thèse générale, toutes les machines qui n'ont pas pour but de fournir à l'homme le moyen d'utiliser son travail en faisant ou plus vite, ou beaucoup plus, ou mieux, enfin, *mais par l'œuvre de ses mains;* toutes les machines qui, au contraire, restreignent son concours et tendent même à l'annuler, sont des choses nuisibles au plus grand nombre. Il ne faut donc pas s'étonner que le plus grand nombre s'en plaigne; et il ne faut pas surtout se flatter de le payer, à cet égard, par des mots creux ou des sophismes.

Le but moral et philantropique de l'art mécanique n'est donc point, ainsi que la cupidité des parties intéressées, c'est-à-dire de ceux au profit de qui les machines fonctionnent, et qui y trouvent la source de gros bénéfices, sinon d'immenses fortunes, semble y tendre, de supprimer, dans la production, fruit du travail, l'intervention des bras de l'homme, mais il devrait être d'alléger la fatigue et la somme de son labeur; de faire, en un mot, qu'il obtienne un salaire égal pour un travail moins long et moins pénible. Mais, bien loin de là, à voir la manière dont on procède depuis quelques années, tant en Angleterre qu'en France, et dans d'autres parties de l'Europe, il est malheureusement incontestable que nous marchons à grands pas vers l'époque où la condition de l'homme, qui n'a pour subsister que son travail, ne sera pas tolérable, par la raison que, débusqué et chassé de toutes les industries qui l'emploient, par le nombre et la perfection toujours croissante des machines, par sa propre concurrence à lui-même, laquelle, par le développement prodigieux de population que nous devons à la paix, de jour en jour devient plus formidable; il ne lui restera que la misère, et, pour dernière ressource, que son désespoir.

On conçoit parfaitement que l'emploi d'une machine

par celui qui possède un capital suffisant pour se la procurer, et pour se procurer aussi la matière destinée à être ouvrée par elle, conduise celui-ci, dans un temps donné, à la fortune, ou, à tout le moins, lui assure une subsistance quelconque; mais l'artisan qui n'a d'autre capital que son travail et son industrie, et qui voit ce capital frappé de stérilité par la préférence qu'on accorde aux machines, comment veut-on qu'il ne prenne pas cette préférence en haine, qu'il ne cherche pas à la détruire? Sans doute, la liberté est une chose excellente de soi, et la propriété un droit respectable et sacré; mais allez dire cela à des hommes qui ne possèdent rien, et qui, par la privation où vous les réduisez de tout travail, n'ont plus même la liberté de vivre. Qui ne voit que c'est une sorte de dérision insultante et cruelle?

Est-il rien de plus faux, pour ne pas dire plus, que de venir objecter aux ouvriers, comme le font les propriétaires de machines, ou leurs inhabiles avocats, que, par l'emploi de celles-ci, ils ont l'avantage d'être tout ensemble mieux nourris, mieux vêtus, etc., etc., parce qu'on peut leur fournir tous les besoins de la vie à un prix moins élevé, ce qui serait impraticable sans le secours de la mécanique. Puissamment raisonné! argument admirable! Mais, sophistes ridicules, à moins que vous ne leur donniez pour rien ces choses qui leur sont indispensables, comment voulez-vous qu'ils se les procurent si le manque absolu de travail les réduit à la privation de tout salaire? Je veux bien vous accorder que l'art mécanique, réalisant parmi nous l'âge d'or des mythologues, un jour viendra, qui sans nul doute n'est pas éloigné; et je suis le premier à l'appeler de mes vœux, où chaque homme pourra vivre comme un Sybarite, avec moins de cinquante écus de rente; mais ces cinquante écus de rente, à moins d'en hériter, faut-il encore pouvoir les acquérir, et sans le travail, quel moyen?

Je me résume et j'abrège, bien qu'il y ait sur une matière semblable une foule d'argumens à fournir, tous excellens au même degré, qu'il serait trop long de développer dans un simple article, et qui trouveraient plus naturellement leur place dans un livre (mais il faut du loisir pour faire un livre, et ce loisir je ne l'ai pas). Oui, et puisse cette idée être comprise assez à temps pour prévenir de grands maux, les machines employées comme moyen d'améliorer la condition de l'homme condamné à chercher sa subsistance dans le salaire de son travail; les machines ainsi appliquées sont un véritable bienfait; mais placées dans la main de l'infiniment petit nombre comme instrument de cupidité, substituées à l'homme comme agent de production, elles ne sont plus qu'un fléau, et doivent insensiblement devenir la source de désordres très graves. La chose considérée de ce haut point de vue, tout ensemble politique et philantropique, il est urgent sinon de les briser, au moins d'en arrêter le développement, et de le circonscrire dans de sages limites.

LÉON GUIBERT.

FIN.

IMPRIMERIE DE Mme Ve POUSSIN, RUE ET HÔTEL MIGNON, 2.